SOMMAIRE D'UN COURS

SUR LES

PARTAGES D'ASCENDANTS

(Articles 1075 et suivants du Code civil)

PAR

LOUIS ACQUIER

DOCTEUR EN DROIT
JUGE AU TRIBUNAL CIVIL DE LODÈVE
COLLABORATEUR AU RÉPERTOIRE DES PANDECTES FRANÇAISES
ET A LA GRANDE ENCYCLOPÉDIE DU XIXᵉ SIÈCLE

PARIS

L. LAROSE ET FORCEL

Libraires-Editeurs

22, RUE SOUFFLOT, 22

1890

SOMMAIRE D'UN COURS

SUR LES

PARTAGES D'ASCENDANTS

(Articles 1075 et suivants du Code civil)

PAR

LOUIS ACQUIER

DOCTEUR EN DROIT

JUGE AU TRIBUNAL CIVIL DE LODÈVE

COLLABORATEUR AU RÉPERTOIRE DES PANDECTES FRANÇAISES

ET A LA GRANDE ENCYCLOPÉDIE DU XIXᵉ SIÈCLE

PARIS

L. LAROSE ET FORCEL

Libraires-Editeurs

22, RUE SOUFFLOT, 22

1890

DES
PARTAGES D'ASCENDANTS.

INTRODUCTION.

Définition. — L'article 1075 du Code civil porte : « Les père et mère, et autres ascendants, pourront faire, entre leurs enfants et descendants, la distribution et le partage de leurs biens. » Nous pouvons définir le partage d'ascendants la faculté que cet article accorde aux ascendants. Cette définition est conforme à la doctrine et à la jurisprudence (V. Merlin, *Répert.*, v° *Partage d'ascendants*).

But de ce partage et avantages que les rédacteurs du Code ont entendu procurer en l'établissant. — Le législateur, en autorisant le partage d'ascendants, a voulu tarir dans leur source les contestations et les procès qui surgissent si souvent entre les enfants à l'occasion du partage des biens de leur auteur.

Il a voulu : 1° permettre à l'ascendant, par une équitable distribution de son patrimoine, d'empêcher ses descendants d'épuiser en procès, longs et coûteux, la majeure partie de ce patrimoine ;

2° Éviter les frais d'un partage judiciaire, quand l'ascendant laisse à son décès plusieurs cohéritiers mineurs ou interdits, et, d'une manière générale, quand l'un de ses successeurs est incapable ;

3° Permettre à l'ascendant d'attribuer à chacun de ses enfants, suivant leurs aptitudes et leurs besoins, la part qui leur convient le mieux ;

4° Lui permettre aussi de partager sa fortune par acte

entre-vifs, en tenant compte de ses convenances person-
nelles.

Les résultats proposés par le législateur ont-ils été obtenus?
— Malheureusement il n'en est pas ainsi et la pratique a
permis de signaler les inconvénients du partage d'ascendants ; il suffit, pour s'en convaincre, de jeter les yeux sur
les recueils de jurisprudence et de prendre connaissance
des nombreux arrêts rendus sur la matière.

*Par quels motifs le partage d'ascendants n'a-t-il pas ré-
pondu à l'attente des rédacteurs du Code?* — Cela tient à ce
que les ascendants ne procèdent pas toujours au partage
avec toute l'impartialité que la loi leur suppose ; ils manifes-
tent pour certains de leurs descendants des préférences qui
sont la source de nombreuses récriminations. L'ascendant
aurait-il fait entre ses descendants la division la plus judi-
cieuse et la plus équitable de son patrimoine, sa volonté
n'est pas toujours acceptée sans contrainte, et les contestations entre ces enfants n'en sont pas moins regrettables, dans
ce cas. Enfin, comme nous le verrons plus loin, le caractère indécis du partage d'ascendants est la cause de nombreuses difficultés.

Avant d'aborder l'étude des articles 1075 et suivants du
Code, nous allons sommairement exposer la législation sur
la matière, soit en droit Romain, soit dans notre ancien
droit, soit dans le droit intermédiaire. Cet examen ne sera
pas sans utilité pour trancher certaines difficultés non
encore résolues.

Du partage d'ascendants en droit Romain. — En droit
Romain, le partage d'ascendants remonte au temps de
Gaïus, où il s'est établi d'abord comme conséquence de la
puissance paternelle ; il fut ensuite étendu à la mère par
Constantin, et plus tard à tous les ascendants par Théodose
(Cod. Théod., *Famil. ercisc.;* L. 21, § I ; Cod. de just., *De
testamentis*).

Si l'ascendant désirait faire entre ses enfants le partage
de ses biens, il pouvait le faire, soit dans la forme des
testaments (c'était le testament *inter liberos*), soit par un
acte spécial qui constituait ce que nous appelons aujour-
d'hui le partage d'ascendants.

« *Si quis voluerit suas res filiis aut dividere, aut omnes, aut etiam aliquas forte relinquere præcipuas; has maxime quidem, si possibile est, dicat in testamento, et indubitatam det filiis utilitatem. Si autem non hoc agat : licet tamen descriptiones facere rerum, quas partiri voluerit : et subscribere omnibus aut ipsum, aut filios universos subscriberepreparare, inter quos res dividet.* »

Le partage d'ascendants ne constituait qu'un projet qui devait être sanctionné par le *judex familiæ erciscundæ* (L. 20, § 3; L. 39, § 1, ff., *Famil. ercisc.*; L. 16 et 21, Cod., *Famil. ercisc.*).

Le père n'était pas tenu d'observer entre ses enfants une complète égalité; l'enfant le moins bien loti ne pouvait réclamer que s'il n'avait pas sa légitime (L. 6, Cod., *De inoff. test.*; L. 16-21, Cod., *Famil. ercisc.*; Furgole, *Des testaments*, n° 36).

Le partage d'ascendants donnait lieu à la garantie des lots; bien que controversée, cette appréciation est conforme aux textes (L. 20, § 3 ; L. 39, § 5, *Famil. ercisc.*; L. 77, § 8, *De legat.*; Furgole, ch. VIII, n° 106).

Du partage d'ascendants dans notre ancien droit Français. — Dans notre ancien droit, les *provinces de droit écrit* adoptèrent les règles du droit Romain, telles qu'elles résultaient des novelles 18 ct 107 de Justinien.

Cependant, pour faire cesser la controverse qui s'était élevée entre les jurisconsultes, résultant de la confusion entre le partage d'ascendants proprement dit et le testament *inter liberos*, l'ordonnance de 1735 les confondit l'un dans l'autre, ainsi que cela résulte de la combinaison des articles 17, 15 et 16.

Article 17 : « Les actes de partage faits entre enfants et descendants, pour avoir lieu après la mort de ceux qui les font, dans les pays où ces actes sont en usage, *ne seront valables, s'ils ne sont pareillement revêtus d'une des formes portées par les deux articles précédents;* et seront, en outre, observées les autres formalités prescrites par les lois, coutumes ou statuts, qui autorisent lesdits actes. »

Articles 15 et 16. — Ces articles exigeaient, pour la forme des *testaments entre enfants*, soit un acte public reçu par un notaire en présence de deux témoins ou par deux notaires, soit un acte privé, entièrement écrit, daté et signé de la main de l'ascendant.

L'accomplissement de ces formalités suffisait pour donner au partage une existence légale, nullement subordonnée, comme en droit Romain, à la sanction du juge.

Aux termes de l'article 18 de l'ordonnance, ces partages ne pouvaient contenir que des dispositions au profit de *descendants*, toutes autres dispositions étant *regardées comme de nul effet*.

L'article 78 autorisait, par testaments mutuels ou faits conjointement, le partage par les père et mère de leurs biens entre leurs enfants.

Dans les *provinces coutumières*, les ascendants avaient deux moyens de distribuer leurs biens entre leurs enfants : le *partage d'ascendants* et la *démission* de biens.

Un grand nombre de coutumes autorisaient le *partage d'ascendants* (Bretagne, art. 560; Bourbonnais, art. 216; Nivernais, ch. xxiv, art. 17, etc.). Dans les coutumes qui ne s'en expliquaient point ce mode de disposition était admis dans la pratique.

En général, le partage pouvait être fait par *tous* les ascendants, mais par les ascendants *seuls*, sauf dans quelques provinces (Bretagne, Bourbonnais, Poitou, etc.) où cette faculté était restreinte aux *pères* et *mères*.

Le partage était dispensé des formes, règles et maximes ordinaires, pourvu que la volonté fût certaine (Brodeau).

Le partage était révocable; l'ascendant pouvait manifester son changement de volonté, soit par un testament, soit même par une simple déclaration écrite.

Cette règle comportait trois exceptions, dans les trois cas suivants :

1° Lorsque le partage était fait par contrat de mariage, du moins en ce qui concernait l'enfant, dans le contrat de mariage duquel il avait été fait;

2° Lorsque les père et mère avaient fait conjointement le partage de leurs biens communs et de leurs biens personnels confondus dans une seule masse, du moins lorsque l'un d'eux était décédé, du vivant des père et mère, le partage étant révocable par leur consentement mutuel.

3° Enfin, lorsque le partage avait été discuté.

Le partage devait comprendre tous les enfants et tous les biens de l'ascendant.

Les auteurs et les termes de plusieurs coutumes donnent à penser que le partage d'ascendants n'était qu'un acte de distribution et que les co-partagés ne perdaient pas leur qualité d'*héritiers*.

D'où les conséquences suivantes : 1° chacun des enfants était tenu des dettes dans la proportion de sa part héréditaire, et non d'après son émolument, à moins que l'ascendant n'eût fait aussi la répartition du passif ; 2° ils étaient tenus réciproquement de l'obligation de garantie.

Dans les coutumes de préciput, le partage n'était pas rescindable pour cause de lésion ; l'enfant ne pouvait réclamer que sa légitime ou le complément de sa légitime. Dans les coutumes d'égalité, au contraire, la lésion était une cause de rescision du partage.

Ces coutumes n'avaient point de règle fixe, quant à l'importance de la lésion.

La *démission de biens* est un acte par lequel une personne fait de son vivant un abandonnement général de ses biens à ses héritiers présomptifs.

La démission, en la supposant révocable, comme elle l'est d'après plusieurs coutumes, n'est pas une donation entre-vifs.

Ce n'est pas non plus une donation à cause de mort, puisqu'elle a un effet présent, et qu'elle n'est point sujette aux formalités des testaments.

Mais c'est quelquefois un abandonnement pur et simple ; et elle tient le plus souvent de ces conventions, que les Romains appelaient *contrats innommés,* à cause des charges que le démettant y impose au démissionnaire, soit en se réservant l'usufruit, soit en stipulant une pension viagère, ou que le démissionnaire le logera, le nourrira, l'entretiendra pendant sa vie.

Les conditions requises pour la validité d'une démission sont les suivantes :

1° La démission doit être acceptée par tous ceux au profit desquels elle est faite ;

2° Elle doit être faite en faveur des héritiers présomptifs du démettant, c'est-à-dire de ceux qui doivent lui succéder suivant l'ordre désigné par la loi;

3° Elle doit être faite à tous ceux qui sont actuellement dans le même degré, soit de leur chef, soit par le moyen de la représentation, sans en excepter aucun;

4° Il faut que l'acte de démission ne contienne point de partage, ou que celui que le démettant aura fait soit entièrement conforme à la loi des successions *ab intestat;* c'est-à-dire que le démettant doit laisser ses biens à tous ceux que la loi appelle à sa succession, et de la même manière qu'elle les y appelle, sans y rien changer;

5° Que la démission comprenne tous les biens du démettant, à l'imitation du droit d'hérédité qui est universel;

6° Que la démission soit faite par forme d'universalité, et non à titre singulier; parce qu'une démission est une succession anticipée, et qu'une succession ne se défère qu'à titre d'universalité;

7° Que le démettant ne donne point à ses biens une qualité qu'il ne leur pourrait donner par testament, comme d'ordonner que ses meubles [tiendront nature de propres aux démissionnaires;

8° Que la démission ait un effet présent, et transfère la possession et la propriété des biens donnés au démissionnaire, pour en jouir tant que la démission ne sera point révoquée.

Du partage d'ascendants sous le droit intermédiaire. — La loi du 17 nivôse an II, relative aux *successions et aux donations* gardant le silence sur le partage d'ascendants; cette loi défendant tout avantage direct ou indirect, au profit de l'un des héritiers, on s'est demandé si cette loi l'avait maintenu ou l'avait abrogé.

Certains ont soutenu que le partage d'ascendants avait été aboli par la loi du 17 nivôse an II (Genty). Cependant il avait fini par être admis et cela résulte notamment de deux décisions de la Cour de cassation des 11 décembre 1814 et 11 juin 1815, D. 1835.1.315.

DU PARTAGE D'ASCENDANTS

SOUS LE CODE CIVIL.

Nous traiterons à ce sujet : 1° des conditions de validité du partage d'ascendants;

2° De sa nature et de ses effets;

3° De la nullité et de la rescision du partage d'ascendants;

Enfin, 4° nous ferons quelques observations critiques et nous indiquerons les réformes exigées en cette matière.

SECTION I.

Conditions de validité du partage d'ascendants.

Les conditions sont relatives : 1° aux personnes; 2° aux formes; 3° aux biens.

§ I. *Conditions relatives aux personnes.*

L'article 1075 est ainsi conçu : « Les père et mère et autres ascendants, pourront faire entre leurs enfants et descendants, la distribution et le partage de leurs biens. »

De ce texte il résulte que la loi réserve aux *ascendants* seuls le privilège de partager leurs biens entre leurs enfants et descendants.

Tous autres que les ascendants ne peuvent disposer de leurs biens que dans la forme des *donations* ou des *testaments;* tous autres ne peuvent faire que des *donations* ou des *legs.*

Le disposant (autre qu'un ascendant) peut néanmoins faire des donations ou des legs, en leur appliquant certains effets du partage d'ascendants, à la condition de manifester clairement son intention à cet égard.

L'ascendant doit comprendre dans le partage *tous ses descendants,* même *ses descendants naturels* reconnus. Motif : ces enfants ont une réserve qu'on ne peut leur enlever qu'en employant le moyen indiqué par l'article 761.

§ II. *Conditions de formes.*

Il faut distinguer la *donation-partage* (partage fait sous la forme d'une donation) et le *testament-partage* (partage fait en la forme des testaments).

A. *Donation-partage.* — 1° Elle doit être faite en la *forme notariée* et *acceptée* par les donataires ;

2° Toute donation ayant pour objet un *immeuble* doit être soumise à la *transcription ;*

3° Toute donation de *meubles* doit être accompagnée d'un *état estimatif ;*

4° La donation-partage est *irrévocable ;*

5° Pour y figurer il faut avoir la *factio active* ou *passive.* Le mineur et la femme mariée doivent être autorisés par les personnes désignées par la loi à cet effet.

B. *Testament-partage.* — 1° Il peut être fait en la forme *olographe,* ou en la forme *mystique,* ou en la forme *publique ;*

2° Les partages *conjonctifs* sont interdits ;

Conséquence : le partage de la communauté est impossible tant qu'elle dure ;

3° Le partage se fait *sans l'intervention* des descendants ;

4° On lui applique les règles de la capacité de tester ou de recevoir par testament. Pour y figurer, il faut avoir la *factio testamenti active* ou *passive.*

Le *mineur de plus de seize ans* ne peut disposer que de la moitié dont il pourrait disposer s'il était majeur.

La *femme mariée* peut, sans autorisation, tester ou recevoir par testament.

Les *descendants* doivent avoir la capacité d'être *héritiers ab intestat* du disposant.

Les *condamnés à une peine afflictive* ou *infamante* qui ne peuvent recevoir des legs, peuvent néanmoins recevoir par testament-partage ; ils peuvent, en effet, recueillir des successions *ab intestat*.

§ III. *Conditions relatives aux biens.*

Peuvent être compris dans un partage d'ascendants tous les biens dont le disposant peut disposer soit par actes entre-vifs, soit par testament.

Par *donation-partage,* on ne peut disposer que de ses biens *présents;*

Par *testament-partage,* on peut disposer de ses biens *présents* et à *venir;*

On peut partager *tout* ou *partie* de ses biens, même un *bien individuel.*

Dans l'ancien droit, le partage *portant sur la totalité* des biens du disposant produisait des effets plus importants que le partage *partiel,* le premier bénéficiant de tous les avantages du partage, le second laissant subsister l'indivision.

Cette distinction était juste et équitable ; car les difficultés qu'on voulait éviter en autorisant le partage, pouvaient se produire aussi bien pour le partage de la *partie* que pour le partage du *tout.*

Mais l'ascendant était à la merci de ses enfants contre lesquels il n'avait plus qu'une créance.

L'article 1077 autorise le *partage partiel.*

Certains biens sont exclus du partage.

1° Les biens non *disponibles* (immeubles dotaux). Exception pour l'établissement des enfants issus du mariage (testament-partage permis à la femme mariée).

2° Les biens déjà donnés avec dispense de rapport ; ces donations sont irrévocables.

SECTION II.

Nature et effets du partage.

Il faut distinguer la *donation-partage* du *testament-partage*.

I. *Partage testamentaire.*

Effets pendant la vie du disposant et après sa mort.

Pendant la vie du disposant, le partage d'ascendants ne produit aucun effet.

Le partage peut être révoqué *expressément* ou *tacitement*. A la mort du disposant ses biens sont transmis aux descendants, qui, jusqu'à ce moment, n'ont aucun droit de propriété ou de jouissance, mais une simple espérance.

Une *question* se pose : le *partage testamentaire est-il attributif* ou *distributif?* Les descendants acquièrent-ils comme *légataires* ou comme *héritiers ab intestat?*

1° Dans l'ancien droit il était admis que le partage testamentaire fait par l'ascendant n'opérait aucun changement dans la vocation des enfants ni dans leur titre qui ne cessait pas d'être celui d'*héritiers.*

Lebrun enseignait qu' « encore bien que l'acte par lequel « l'ascendant a fait le partage entre ses enfants, fût un acte « testamentaire, les coutumes ne laissent pas, en ce cas, « de considérer les enfants comme héritiers *ab intestat* des « parts et portions que leur père leur a léguées » (V. aussi Pothier).

Il est naturel de penser que les rédacteurs du Code, qui n'ont pas annoncé l'intention de changer ces principes, ont entendu les maintenir.

2° Cette règle est conforme à la volonté du disposant qui n'entend pas faire des libéralités à ses enfants, mais seulement faire entre eux le partage de ses biens (V. Toullier, Aubry et Rau, t. VI, p. 217 et 231; Troplong, t. IV, n° 2302; Colmet de Santerre, t. IV, n° 243 *bis*).

3° C'est bien ce qui résulte du texte de l'article 1075, qui porte que les père et mère et autres ascendants peuvent faire, entre leurs enfants, le *partage* et la *distribution* de leurs biens.

4° Enfin, il ne faut pas oublier que c'est du partage testamentaire dont nous nous occupons en ce moment ; or c'est là surtout que l'élément du *partage* prédomine, et que le caractère distributif de l'acte l'emporte sur son caractère dispositif (Demolombe, *Donat.*, t. VI, p. 102 et 103).

Conséquences de cette solution de la question.

1° Pour recueillir les biens à eux alloués, les enfants doivent accepter la succession de l'ascendant ; les biens par eux recueillis leur adviennent en leur qualité d'*héritiers ab intestat* du disposant.

Une exception existe cependant à cette règle. — Si le disposant avait déclaré faire une libéralité *préciputaire* (dispensée de rapport), le descendant recueille alors comme *légataire* et peut renoncer à la succession, pour s'en tenir à son legs, dans la limite de la quotité disponible.

2° Les descendants ne peuvent renoncer à leur lot et venir à la discussion *ab intestat* ; sans cela chaque co-partageant pourrait faire tomber le partage.

3° Pour recueillir les biens à eux distribués, les descendants doivent avoir la capacité de succéder *ab intestat* ; il n'est pas nécessaire qu'ils aient la capacité de recueillir par legs.

4° Les descendants sont investis des mêmes droits et soumis aux mêmes obligations que les héritiers *ab intestat* : ils sont saisis de plein droit ; ils paient les dettes *ultra vires* ; ils peuvent être déclarés indignes.

5° Si l'un des co-partageants vient à mourir avant le disposant, laissant des enfants, ceux-ci viennent par représentation (Riom, 7 mars 1885).

Si le descendant ne laissait pas d'enfants, sa part irait, par voie d'accroissement, aux autres co-partageants et ferait l'objet d'un partage supplémentaire.

Le résultat serait le même si un des co-partageants renonçait à la succession.

6° Enfin, entre les descendants, le partage testamentaire produit les effets d'un partage ordinaire, il est *déclaratif*, chaque co-partageant a droit à la garantie des lots, et au privilège de co-partageant.

II. *Partage entre-vifs.*

Le partage entre-vifs diffère du partage testamentaire en ce qu'il produit ses effets du vivant du disposant.

Quelle est sa nature?

Trois systèmes.

PREMIER SYSTÈME. — *La donation-partage opère, du vivant du disposant, l'ouverture de sa succession. La donation est un véritable partage.*

Arguments : 1° L'ascendant en disposant de ses biens, a entendu en faire le partage, la distribution entre ses enfants ;

2° La donation-partage dérive de la démission de biens.

Conséquences. Du vivant du donateur, les donataires sont de véritables héritiers, soumis au paiement des dettes (art. 870), passibles de l'action en garantie (art. 884), de l'action en rescision pour lésion de plus du quart (art. 887), de l'action en réduction (art. 921).

Ce système est contraire au principe : *nulla viventis hereditas.*

En supposant que l'ascendant ait fait plusieurs partages partiels, il y aurait autant de successions que de partages.

Il serait impossible de faire d'une manière définitive le calcul de la quotité disponible et de la réserve.

Ce système est, en outre, inconciliable avec l'article 1878.

Enfin, de quelle utilité serait le partage d'ascendants si on l'assimile au partage ordinaire?

DEUXIÈME SYSTÈME. — *Le partage entre-vifs est à la fois une donation et un partage.*

Il contient une double opération :

1° L'*abandon* par le disposant des biens compris à l'acte;

2° La cessation de l'indivision existant entre les co-partageants.

Au décès du disposant, le partage d'ascendants devient un véritable partage.

Conséquences. L'action en rescision, dans les cas où elle est possible, peut être intentée par les ayants-droit du jour même de la donation.

Ce système a été repoussé par la Cour de cassation.

TROISIÈME SYSTÈME. — *Du vivant du disposant, le partage d'ascendants est une véritable donation; après le décès du disposant, il se transforme et produit les effets d'un partage.*

Arguments : 1° Un même acte ne peut produire des effets contradictoires; n'est-il pas conforme à la logique que la situation des descendants se modifie par le décès du disposant?

2° Le système que nous exposons est conforme aux textes.

L'article 1076 dispose : « Les partages faits par actes entre-vifs ne pourront avoir pour objet *que les biens présents.* »

L'article 1078 est ainsi conçu : « Si le partage *n'est pas fait entre tous les enfants qui existeront à l'époque du décès* et *les descendants de ceux prédécédés,* le *partage sera nul pour le tout.* Il pourra en être provoqué un nouveau dans la forme légale, soit par les enfants et descendants qui n'y auront pas été compris, soit même par ceux entre qui le partage aurait été fait. »

Conséquences. Du vivant du disposant elles seront moins satisfaisantes.

1° Les descendants *lotis* sont de véritables *donataires,* donc le partage sera soumis aux règles des donations entre-vifs : le partage devra faire l'objet d'une *acceptation* (art. 932); le donateur doit se dépouiller des biens donnés d'une *manière irrévocable* (art. 894); le partage sera soumis aux causes de révocation des donations ordinaires (art. 353).

2° Si la donation-partage ne contient pas de clause particulière à cet égard, les descendants ne sont pas tenus du paiement des dettes du disposant; le donataire est un successeur à *titre particulier.*

3° Le partage d'ascendants fait entre-vifs doit être soumis à la formalité de la transcription, lorsqu'il contient des biens susceptibles d'hypothèque.

4° Le partage n'est valable, quant aux effets mobiliers qui y sont compris, qu'autant qu'il en a été dressé un état estimatif (art. 948).

5° Les descendants n'ont pas l'action en réduction de l'article 920, ou l'action en rescision de l'article 887.

6° Il est douteux qu'ils aient l'action en garantie (art. 884).

A la mort du disposant, la donation se transforme et produit les effets d'un partage.

Conséquences : 1° Les enfants ont les droits et sont soumis aux obligations incombant aux *héritiers;* ils sont soumis à l'action en réduction, à l'action en rescision, à l'action en garantie et au privilège des co-partageants.

2° Les enfants qui acceptent la succession du disposant doivent payer les dettes.

Il convient de faire deux observations :

1° A la différence des héritiers ordinaires, les co-partageants ne peuvent exiger le rapport à la masse de leurs lots respectifs ; l'acte contient dispense de rapport.

2° La transformation dont s'agit ne s'opère que si la succession est acceptée, sinon les descendants restent donataires.

SECTION III.

Causes de nullité du partage d'ascendants.

Le partage est nul pour violation des règles relatives aux donations, quant à la forme et quant à la capacité des parties contractantes.

L'action en nullité est régie, dans ce cas, par le droit commun.

Il existe, en outre, plusieurs causes de nullité particulières aux partages d'ascendants.

Nous indiquerons :

1° Quelles sont ces causes.

2° La durée de l'action en nullité.

3° Les effets de la nullité prononcée.

I. *Causes de nullité.*

Ces causes sont mentionnées dans les articles 1078 et 1079.

Ce sont :

1° L'omission d'un enfant existant à l'époque du décès du disposant ;

2° La lésion de plus du quart ;

3° L'atteinte à la réserve ;

4° (D'après la jurisprudence), la violation des articles 826 et 832 du Code civil.

1° *Omission d'enfant* (1078).

En droit Romain, le partage *inter liberos* était valable, bien que le disposant n'y eût pas compris tous les enfants existant à l'époque de son décès, sauf le droit pour les enfants omis de réclamer leur légitime.

Le droit coutumier, plus logique, posa le principe que le partage d'un patrimoine ne pouvait valoir que s'il était fait entre tous les ayants-droit.

L'article 1078 exige que le partage soit fait entre tous les enfants qui existeront à l'époque du décès du disposant, et les descendants de ceux prédécédés.

Pour déterminer si le partage a été fait entre tous les enfants, il faut se placer au moment du décès du disposant, et non au moment du partage.

Conséquences : 1° Le partage est valable si l'enfant omis décède sans postérité avant l'ouverture de la succession.

Il en est de même s'il renonce à la succession.

2° Le partage est nul si un enfant survient depuis le partage.

Par le terme *enfants* on entend les enfants légitimes, légitimés, adoptifs ou naturels.

Qui peut intenter l'action en nullité?

L'article 1078 répond : « Il pourra être provoqué un nouveau partage dans la forme légale, soit par les enfants et descendants qui n'y auront reçu aucune part, soit même par ceux entre qui le partage aurait été fait. »

La nullité dont s'agit est donc *absolue*.

Le législateur a voulu, en établissant cette cause de nullité, faire cesser toute incertitude sur la validité du partage.

2° *Rescision pour cause de lésion de plus du quart.*

L'article 2079-1°, porte : « Le partage fait par l'ascendant pourra être attaqué pour cause de lésion de plus du quart. »

Le disposant voulant faire le partage de ses biens, la loi présume qu'il veut attribuer à chacun de ses enfants une part égale.

Il faut appliquer ici les règles relatives à la rescision des partages ordinaires.

Ainsi pour s'assurer s'il y a lésion de plus du quart, il ne faut tenir compte que des biens compris dans le partage.

Si le *de cujus* a fait plusieurs partages successifs de ses biens, il faut les apprécier tous dans leur ensemble. Les divers actes n'en forment, à ce point de vue, qu'un seul. L'enfant lésé dans l'un d'eux a pu recevoir une compensation dans l'autre.

A qui appartient l'action en nullité pour cause de lésion? A l'enfant lésé seul héritier du disposant. La nullité dont s'agit est *relative*.

Il existe une analogie à ce point de vue entre la nullité pour cause de lésion et la nullité pour vice du consentement.

Les héritiers seuls ont droit à la succession et à l'égalité dans le partage.

3° *Nullité pour atteinte à la réserve.*

L'article 1079, 2° alinéa, porte : « le partage pourra aussi être attaqué dans les cas où il résulterait du partage et des dispositions faites par préciput, que l'un des copartagés aurait un avantage plus grand que la loi ne le permet. »

Pour déterminer le sens de cette disposition, il faut recourir aux travaux préparatoires.

Le législateur a voulu empêcher l'ascendant de violer la loi relative à la réserve et d'avantager un de ses enfants au delà des limites permises par les articles 913 et suivants.

Quelle est la nature de l'action résultant de cette disposition?

A-t-elle le caractère d'une action en réduction? ou bien s'agit-il d'une action en rescision pour cause de lésion?

L'intérêt de la question est multiple :

1° S'il s'agit d'une action en rescision, cette action devra être intentée contre tous les enfants compris au partage. Si elle réussit, elle fera considérer ce partage comme non avenu.

S'agit-il d'une action en réduction, elle sera donnée seulement contre l'enfant avantagé, et elle aura pour résultat de faire compléter la réserve du demandeur.

2° Si notre action est une action en rescision, tous les défendeurs pourront indemniser le demandeur (art. 891).

Si c'est une action en réduction, le demandeur a droit au complément de sa réserve.

3° L'action en réduction se prescrit par trente ans, l'action en rescision se prescrit par dix ans (art. 1304).

D'après la jurisprudence, l'action dont s'agit a le caractère d'une action en réduction, mais comme elle tend à la refonte du partage, on lui applique l'article 1304.

On dit, à l'appui de ce système : l'action a pour but de protéger la réserve, donc elle a le caractère d'une action en réduction.

Cette thèse ne nous paraît pas juridique pour trois motifs :

1° L'article 1079 est formel ; il témoigne que le législateur a eu en vue, dans le 2ᵉ alinéa, une inégalité, une *lésion* résultant du partage, et qu'il accorde, dans ce cas, une action en rescision contre le partage : *le partage pourra être attaqué*.

2° Cette interprétation est confirmée par les travaux préparatoires.

Le projet du Code portait : *Le partage sera encore nul,* si les père et mère ou autres ascendants ont fait, à titre de préciput, une disposition, soit entre-vifs, soit par testament, au profit d'un ou de plusieurs de leurs enfants. »

Cet article a été modifié; on a cru qu'il était plus convenable de laisser aux ascendants la faculté de faire le partage de leurs biens entre leurs enfants, tout en avantageant l'un d'eux par préciput.

Mais, en même temps, afin de prévenir le danger de cette double faculté de *disposer par préciput* et de *partager,* on a décidé que le *partage,* dans ce cas, serait rescindé même pour la plus petite lésion.

3° Le système que nous soutenons est conforme aux principes :

La donation entre-vifs ou le legs fait par préciput à l'enfant avantagé, n'excédant pas la quotité disponible, il n'y a pas lieu à réduction (art. 920).

4° *Nullité pour composition vicieuse des lots.*

La jurisprudence a établi une quatrième cause de nullité du partage, résultant de la violation par l'ascendant des dispositions des articles 826 et 832 sur la composition des lots.

Motifs : 1° Le disposant est soumis aux règles des partages; la loi n'a pas dérogé au droit commun en ce qui concerne les partages d'ascendants; le droit commun est donc applicable.

2° Le juge ne pourrait faire le partage en violation de ces règles, *à fortiori* le disposant. — Cass., 25 février 1878 (D. P. 78.1.449).

Cette doctrine est combattue pour plusieurs raisons :

1° Elle n'est pas conforme aux travaux préparatoires;

2° Aucun texte n'oblige le disposant à l'observation des articles visés;

3° Les règles édictées par ces articles peuvent être inobservées dans les partages amiables; il y aurait donc une inconséquence à les appliquer aux autres partages;

4° Les articles 826 et 832 font partie d'un ensemble de

dispositions relatives à la composition et à l'attribution au cas de partage judiciaire ;

5° Si les articles 826 et 832 étaient applicables, il faudrait appliquer aussi les autres dispositions, telles que celles des articles 827 et 834.

Dans la pratique, on a essayé, sans succès, d'échapper à cette cause de nullité.

L'application de nos articles est inévitable dans les partages testamentaires.

En matière de partages entre-vifs, le disposant pourrait laisser à ses enfants le soin de se partager les biens donnés. Le disposant donnerait une masse indivise, que les enfants se partageraient entre eux sans le concours de l'ascendant (C. 16 nov. 1885, S. 86.1.454).

II. *Quand et pendant combien de temps le partage peut-il être attaqué.*

S'agit-il d'un partage testamentaire, l'action s'ouvre au décès de l'ascendant, c'est-à-dire au moment où le testament produit son effet.

Pour le partage entre-vifs, la question est plus difficile à résoudre. Tout dépend de la solution que l'on donnera à celle relative à la nature et aux effets de ce partage.

Dans le deuxième système exposé plus haut, les actions fondées sur la qualité de copartageant naissent au moment de la donation, les autres au décès seulement.

Dans le troisième système, les actions s'ouvrent toujours au moment du décès.

Nous avons à examiner deux questions :

1° Au cas d'action en nullité pour cause de lésion, à quelle époque faut-il se placer pour évaluer les biens?

La question a un intérêt considérable.

La solution dépend de celle relative au moment où naît l'action (Bourges, 22 décembre 1880, D. 80.2.110).

2° Au cas du partage cumulatif par le père et la mère, les actions ne s'ouvrent-elles qu'au décès du dernier mourant? (V. Cass., 21 mars 1887, Sir., 87.1.152).

Durée des actions.

On distingue l'action en *nullité* et l'action en *rescision*.
La première se prescrit par dix ans.
La deuxième se prescrit par trente ans.
Observations : 1° Bien que la jurisprudence considère
l'action de l'article 1079-2° comme une action en réduction,
elle admet la prescription de dix ans parce que cette action
tend à la rectification du partage ;

2° L'action pour cause de lésion formée à l'occasion
d'un testament-partage, dure trente ans; l'article 1304 ne
lui est pas applicable.

La prescription court du jour où naît l'action.

III. *Effets de la nullité prononcée.*

Il n'y a pas de difficulté si la donation est encore inexé-
cutée au moment de l'introduction de l'instance; la donation est considérée comme n'ayant jamais existé. Si, au
contraire, les choses ne sont plus entières, si la donation
a reçu son exécution, les co-partagés restituent ce qu'ils ont
reçu.

On applique, dans l'espèce, les règles du rapport.
Conséquences : 1° Les meubles sont rapportés en moins
prenant.

2° Les immeubles sont rapportés en nature.

La rescision entraîne la nullité du partage pour le tout.

L'enfant qui pour une des causes exprimées en l'article
1079, attaquera le partage, devra faire l'avance des frais
de l'estimation; et il les supportera en définitive, ainsi que
les dépens de la contestation, si la réclamation n'est pas
fondée (art. 1080).

La loi inflige une peine à ceux qui soulèvent à tort des
difficultés au sujet du partage.

L'article 1080 déroge à l'article 130 du Code de procé-
dure civile.

Question. Quelle est la valeur des clauses pénales insé-
rées au partage par l'ascendant? L'ascendant peut-il dire

que celui qui attaquera le partage sera privé de sa part dans la quotité disponible?

La doctrine applique l'article 900 du Code civil et répute ces clauses non écrites.

La jurisprudence distingue les clauses qui portent atteinte à l'ordre public et celles qui ne touchent qu'à des intérêts privés (V. Cass., 26 juin 1882, S. 85.1.118).

SECTION IV.

Conclusions et projets de réforme.

Les avantages recherchés dans le partage d'ascendants n'ont pas été obtenus; ces partages donnent lieu à de nombreuses difficultés.

On reproche au partage d'ascendants deux choses :

1° Au lieu d'assurer les derniers jours de l'ascendant, la loi le livre à la merci de ses descendants.

2° Il fait naître des difficultés; les co-partagés n'ont aucune sécurité; le partage fait des mécontents; aussi les causes de nullité sont nombreuses; les difficultés se compliquent souvent de l'intervention d'hommes d'affaires peu instruits ou peu scrupuleux.

3° Le partage ne favorise pas le crédit public.

On aurait pu éviter ce risque, la jurisprudence l'a aggravé.

Tout projet de réforme, que nous ne pouvons indiquer ici, aura pour but de tenir compte de ces divers reproches.

TABLE DES MATIÈRES.

BAR-LE-DUC, IMPRIMERIE CONTANT-LAGUERRE.

IMPRIMERIE
CONTANT-LAGUERRE

LVX · VITAM

BAR LE DUC